Bu kitabın sahibi:

....

"Sevgili Lottie'ye.
Ve Battaniye'ye ve Tavşancık'a." -A.S.
"Yakında yeterince büyüyecek
olan Maya'ya." -L.M.

ARTEMİSÇOCUK

AÇ/55
ABG/112
AB/293
A/55

Sevgili Battaniyem

AMBER STEWART / LAYN MARLOW

Genel Yayın Yönetmeni: Ilgın Sönmez Toydemir
Grafik: Karen Yardımlı
Grafik Uygulama: Merve Güven

Orijinal Adı: *I Love My Cloth*
Çevirmen: Seçil Ersek
Düzenleme: Alkım Irkad

"**Sevgili Battaniyem**" ilk olarak 2007 yılında
İngiltere'de, Oxford University Press tarafından yayınlandı.
ArtemisÇocuk, kitabın Türkçe versiyonu için
Oxford University Press veritabanını kullandı.

ISBN: 978 - 605 - 4482 -43 - 6
Sertifika No: 10905

Bu kitabın yapım aşamasında doğal,
geri dönüşümlü kağıt kullanıldı ve doğaya saygılı davranıldı.

Bu kitap Çin'de basılmıştır.

ARTEMİS YAYINLARI
Ticarethane Sokak No: 53 Cağaloğlu / İstanbul
Tel: (212) 513 34 20-21 Faks: (212) 512 33 76
e-posta: editor@artemisyayinlari.com
www.artemisyayinlari.com

Genel Dağıtım: Alfa Basım Yayım Dağıtım Ltd. Şti.
Tel: (212) 511 53 03 Faks: (212) 519 33 00

Artemis Yayınları, Alfa Yayın Grubu'nun tescilli markasıdır.

Amber Stewart & Layn Marlow

Sevgili Battaniyem

ARTEMİS çocuk

Fasülye artık büyümüştü.

Dikenli Balık Gölü'nde hiç durmadan
hoplayarak dolaşacak kadar büyümüştü.

Karahindiba çiçeği toplamaya gidip annesinin
yemek yapması için en sulularını seçecek
kadar büyümüştü.

Fasülye en uzun ağaç arkadaşlarına asılıp sallanacak kadar büyümüştü. Arkadaşı öyle uzundu ki, Fasülye'nin kahkahaları tüm Çançiçeği Ormanı'nda ve hatta ormanın çok uzaklarında bile duyuluyordu.

Arkadaşı öyle uzundu ki, havada uçarken Fasülye'nin midesi taklalar atıyordu.

Fasülye tüm bunları yapacak kadar büyümüştü, ama peki gittiği her yere Battaniye'sini götürmekten vazgeçecek kadar büyümüş müydü?

‘Hayır,’ dedi Fasülye. ‘Battaniyemi seviyorum.’

‘Belki artık Battaniye olmadan bir şeyler yapmayı denemelisin?’ dedi annesiyle babası nazikçe.

‘Bence de. Battaniyeler bebekler içindir,’ dedi Fasülye’nin ağabeyi.

‘Hayır, değildir,’ dedi Fasülye.

Böylece Fasülye, olur da ailesi Battaniye'yi kaldırmaya kalkışırsa diye bir plan yaptı. 'Battaniye'yi Sonsuza Dek Saklama Planı'.

Fasülye, Battaniye'yi en az planı kadar gizli bir yere saklamak üzere sabah erkenden yola koyuldu.

Dikenli Balık Gölü'nün kıyısı olmazdı, çünkü kurbağalar Battaniye'yi bulabilirdi.

Yıldırım Çarpmış Ağaç'ın dallarının arası olmazdı, çünkü kuşlar Battaniye'yi alabilirdi.

Yumuşak toprak olmazdı, çünkü tarla fareleri Battaniye'ye göz koyabilirdi.

Fasülye, doğru yeri bulup bulamayacağını merak ederken, uzun böğürtlen çalılıklarının arasında içi boş bir kütük gördü.

Fasülye, Battaniye'yi boş kütüğün derinlerine saklayıp hızla eve döndü. Gün boyunca mutluydu çünkü Battaniye'nin güvende olduğunu biliyordu.

Gelin görün ki, uyku vakti yaklaşınca
Fasülye, Battaniye'yi özledi.
Battaniye'ye sarılmadan hiç uyumamıştı
ve şimdi de onsuz yatmak istemiyordu.

Battaniye'yi eve getirmek için onu
sakladığı gizli yere gitti Fasülye.

Ağaç, akşam ışığında farklı görünüyordu. Tüm içi boş kütükler birbirine benziyordu ve Fasülye gizli saklanma yerinin

hangisi olduğunu kestiremiyordu.

Battaniye şu kütükte miydi...

şunda mıydı...

yoksa bunda mı?

‘Ah, hayır!’ diye bağırdı Fasülye.
‘Planım işe yaramadı. Sevgili
Battaniyem kayboldu!’

Zavallı Fasülye’nin eve
dönmekten başka şansı yoktu.

Battaniye'siz kalan, ağlamaklı
Fasülye annesini gördü.

'Fasülye nereye gittin?' diye sordu annesi.
'Battaniye'yi almaya,' dedi Fasülye burnunu
çekerek, 'ama onu bulamıyorum.'

Fasülye'nin ailesi kayıp Battaniye
felaketi konusunda çok anlayışlıydı.

Babası fazladan iki uyku masalı okudu,
annesi uyuması için sıcak süt hazırladı.
Ve Fasülye'nin ağabeyi en sevdiği ikinci
ayıcığını ona ödünç verdi.

Fasülye, Battaniye'siz ilk uykusundan hoşlanmadı. İkinci ve üçüncüden de hoşlanmadı.

Ama çok geçmeden Battaniye'yi aramanın yerini, uğurböceklerini ve dört yapraklı yoncaları aramak...

ve en güzel
sığınakları yapmak...

ve boş kütüklerle
kızak kaymak
aldı.

Ve bir gün geldi, Fasülye unuttu Battaniye'sini.

Uzun zaman sonra, rüzgarlı bir bahar günü,
arkadaşlarıyla ormanın güneşli bir yerinde
karahindiba tohumlarını kovalarken
çok tuhaf bir şey gördü Fasülye.

Bir zamanlar kendisine ait olan Battaniye'ye sarılan yavru tilkiye baktı ve annesinin haklı olduğunu anladı.

Gerçekten, Battaniye için çok *büyümüştü* Fasülye.